AF229374

DEUX LETTRES

SUR LES AFFAIRES

DE

FRANCE ET D'ANGLETERRE,

PAR L'AUTEUR

DES LETTRES RELATIVES A L'ÉTAT ACTUEL

DE LA HOLLANDE.

(Extraits de la même Correspondance.)

AMSTERDAM,

DIEDERICHS FRÈRES.

DÉCEMBRE 1831.

DE L'IMPRIMERIE DE C. A. SPIN.

La Haye 28 Novembre 1831.

Les nouvelles allarmantes de Lyon et de Paris qui nous arrivent à la Haye aujourd'hui, et qui déjà ont fait subitement éprouver une baisse considérable aux fonds Français à Amsterdam, ces nouvelles vous auront été connues avant ce jour même que je vous en parle. Quant à l'Angleterre: l'état de mal-aise horrible où elle se trouve: l'animosité violente que se portent réciproquement les différents partis: la misère et la faim qui travaillent des classes nombreuses, en beaucoup d'endroits la grande majorité des habitants: les manœuvres coupables des démagogues; l'exemple funeste enfin de la révolte Belge, dont la populace Anglaise a vu le succès éphémère sans en pénétrer encore les suites déplorables pour toutes les classes sans exception: ces différents motifs réunis y font éprouver les craintes les plus légitimes. Les scènes épouvantables de Bristol sont d'autant plus inquiétantes qu'elles ont été la suite, bien moins de causes purement locales, que d'autres causes, qui s'étendent généralement sur les trois royaumes et se font sentir surtout dans les comtés septentrionaux de l'Angleterre et dans la malheureuse Irlande. Toutes les nouvelles qui nous arrivent, toutes les lettres particulières, sans faire mention de nouveaux troubles sérieux arrivés ces derniers jours, respirent la plus mortelle inquiétude.

Beaucoup de mes compatriotes ne se cachent pas de la satisfaction que leur fait ressentir le mal qu'éprouvent chez eux les deux cabinets étrangers, dont la Hollande présentement paraît avoir surtout à se plaindre. Cette satisfaction, fort excusable, il est vrai, naturelle même, avouons-le, pour le vulgaire, les hommes sages et réfléchis, et nous en avons un grand nombre, sont bien loin de la partager.

Et d'abord en ce qui regarde la France : indépendamment même de la persuasion où nous sommes que le parti Périer nous est, à nous autres Hollandais, peut-être le moins hostile de tous les partis, bien moins que les ultra-royalistes d'un côté, de l'autre, que les républicains où les anciens Bonapartistes, disons mieux, que les anarchistes ou les ambitieux-aveugles, réunis pour le moment, mais différant tout-à-fait entre eux de principes et de vues : indépendamment, dis-je, de cette considération, qui se rattache à nous-mêmes et où l'intérêt-propre nous dirige : si nous nous élevons plus haut, et si nous ne jugeons les choses qu'en soi et sans y mêler aucun motif secondaire : arriverons-nous alors à un résultat différent ? Je ne le pense pas. — Le cagotisme et le droit divin, remis en honneur et en puissance aussi près de nous et à nos portes, jamais ils ne nous verraient de bon oeil ni ne nous offriraient les ressources d'un bon et loyal voisinage ; plus même qu'à aucun autre des partis qui divisent la France, la superstition de la majorité des Belges lui ferait exploiter ceux-ci à notre détriment. Mais d'ailleurs : pareil triomphe serait-il dans l'intérêt de la France, de l'Europe, du monde ? Les théories sur lesquelles repose le pouvoir, quand elles se trouvent en opposition manifeste avec l'opinion publique actuelle, quel est l'effet de cette discordance ? Ou l'un ou l'autre. Ou vous aurez un état de luttes sans cesse renaissantes, de discordes intérieures ; tous les jours des troubles, des excès nouveaux : un volcan ardent, jamais éteint, déchirant non-seulement le sol sur lequel il se trouve, mais menaçant toutes les contrées voisines. Ou bien vous verrez ces théories de l'absolutisme triomphantes de la civilisation qui les réprouve. Vous verrez alors déborder de cette puissante France une masse de conquérants, les plus irrésistibles peut-être, à coup sûr les plus dangereux, les plus funestes, dont fasse mention l'histoire. L'exemple des Mahométans d'autrefois va se renouveler. La puissance du glaive, toujours destructive de la liberté et du bonheur social, on éprouvera de rechef alors qu'elle l'est plus éminemment quand c'est le fanatisme qui en dispose. — Mettons un résultat contraire : posons le triomphe de ce parti qui se qualifie du mouvement, qui se dit vouloir entourer un trône populaire d'institutions républicaines. Quel avenir donnez-vous à ce trône ? Ne le voyez-vous pas s'écrouler sous nos yeux même ? Ou s'il parvient, à force de faiblesse, à traverser la génération contemporaine, ne sera-ce pas, ce beau pays de France, la Pologne du siècle passé, renouvelée dans de plus grandes proportions, nous offrant, de temps à autre, telles actions généreuses, tels caractères nobles et élevés, mais se déchirant ses propres entrailles, épuisant ses forces, finissant, comme la héroïque Pologne, par succomber sous les coups des étrangers coalisés? Ou bien : (et ce cas aussi, considéré la population et la force intrinsèque de la France, pourrait être aucunement possible) : ou bien, dis-je, débordant elle-même sur les terres étrangères, prêchant et établissant, comme en 1793, partout la liberté et l'égalité? L'anarchie mène au despotisme militaire. La France l'a éprouvé alors : ce serait toute l'Europe qui l'éprouverait actuellement. — Posez enfin la troisième hypothèse que nous énoncions : et ce n'est pas peut-être la moins probable : posez le triomphe immédiat du despotisme militaire en France. Désirez-vous se voir renouveler les vingt années de guerre et de désolation qui naguères ont pesé sur l'Europe? Et quand vous auriez subi cette épreuve renouvelée, croyez-vous que la Providence renouvellerait également cette catastrophe mémorable, qui a clos l'époque et qui a rassis les peuples? En vérité, nous avons trop mal profité de la bonté divine, pour oser nourrir pareil espoir.

Maintenant, considérez l'Angleterre et sa situation actuelle. A côté de ces fortunes collossales, qui dépassent celles de maint souverain du continent, voyez cette pauvreté, cette misère, partage de la grande moitié du peuple qui se proclame libre par excellence, et qui l'est effectivement quant aux écarts turbulents et licencieux que peut inspirer le caprice passager du jour. Cette nation qui s'enorgueillit d'avoir précédé toutes les autres dans les voies d'une liberté constitutionnelle, qui, plus spécialement, se vante de concourrir elle-même à la puissance législative: considérez-y l'aristocratie: la chambre des Pairs, d'un pouvoir tellement considérable, exorbitant sous différents rapports, et ne tenant tout ce pouvoir que du hasard de la naissance, ou par une origine gothique, ou par la faveur, trop souvent mal inspirée de l'un ou de l'autre des souverains successifs. Considérez la chambre des Communes même, représentant avoué, comme son nom l'indique, des classes moyennes, plutôt de la généralité de la nation : mais dont la composition bizarre et monstrueusement inégale attribue à tel pauvre petit hameau, à tel individu, qui possède par hasard tel coin de terre, un pouvoir électoral, qu'elle refuse aux cités les plus opulentes et aux provinces les plus riches et les plus industrieuses du royaume. Vous paraît-il fort étrange, ce souhait de nivellement et de partage des biens qui anime les radicaux? ce souhait surtout, non moins énergiquement émis, plus généralement partagé, qui veut une réforme parlementaire? Et si le premier de ces voeux, l'égalisation désirée des fortunes, dès qu'il se fait jour par des actes extérieurs et par des tentatives quelque peu prononcées, doit être regardé comme attentoire aux principes même de la société : s'il ne peut et ne doit y être répondu que très partiellement et au moyen lent d'une amélioration des lois civiles : en est-il de même quant aux bases qui règlent actuellement la représentation nationale ? Qui oserait les défendre ces bases, autrement que par le seul motif qu'elles existent, et qu'il est dangereux de toucher à une existence établie quelconque? Et cette crainte même, fondée en beaucoup de cas, ne serait-elle pas ici outrée et chimérique ? Je sens tout ce qu'il y a de téméraire à prononcer sur les institutions d'un peuple étranger. Mais lorsque je considère que les hommes d'état les plus illustres qu'ait produit l'Angleterre moderne, Pitt, Fox, Canning, tous trois, quelque divisés d'ailleurs d'idées et d'opinions, ont été unanimes sur la nécessité d'une réforme parlementaire : alors je me rassure sur ma propre manière de voir à moi : je pense ne pas me tromper, en suivant les lumières de la raison et du bon sens pour m'éclairer en théorie, en me laissant guider, pour l'application pratique, par les grands hommes que je nommai. Telle mesure partielle du cabinet actuel pourrait être moins prudente, moins apte dans les circonstances: je ne me permets pas d'asseoir un jugement circonstancié sur les affaires intérieures de l'Angleterre. Ce qui me paraît certain et au-dessus de tout doute raisonnable: c'est que le malheur du pays ce n'est pas que le ministère y veuille opérer présentement une réforme parlementaire: c'est qu'il ait tardé beaucoup trop longtemps à l'établir.

Je me résume. En Angleterre aussi, comme en France, le maintien du pouvoir actuel paraît bien plus désirable que beaucoup ne le croient. Voyez les radicaux qui déjà le dépassent, et le combattent avec plus d'acharnement que les Torys même. Et leur triomphe, de ces nivelleurs enragés, quelles en seraient les suites désastreuses? D'autre part: la morgue tyrannique des aristocrates Anglais vous semble-t-elle bien favorable au bonheur du pays, de l'Europe, du monde? Elle pourrait toucher à sa fin, leur puissance orgueilleuse. L'abandon volontaire de tels privilèges incompatibles avec la civilisation du jour: de la modération, ferme et franche à la fois: voilà la seule voie qui puisse sauver l'aristocratie Anglaise, calmer la fièvre ardente qui travaille ce pays, rendre durable la paix du monde.

II.

◆

La Haye 30 Novembre 1831.

Je vous avais exposé, il y a deux jours, ma manière de voir, j'ose ajouter celle de la meilleure partie de la nation Hollandaise, sur les affaires intérieures de France et d'Angleterre. Je viens de lire à l'instant le Journal de la Haye d'aujourd'hui. Il y est fait mention aussi des troubles de Lyon. On en raisonne assez longuement, et dans un sens très-différent du mien. Consultez ma lettre d'avant-hier; vous verrez que l'article a dû me paraître tout-à-fait composé *ad captandum vulgus.* Mais l'auteur de cet article, rédacteur en chef du journal, très-spirituel d'ailleurs, rempli de connaissances, surtout excellent écrivain, il est étranger, il ne connaît pas les Hollandais: je l'ai dit, il y a quelque temps: il nous en fournit aujourd'hui une preuve nouvelle et plus frappante. L'indignation dont nous sommes généralement pénétrés, nous autres, de ce que des puissances étrangères s'arro-

gent de régler nos affaires intérieures, indigna-
nation qu'exprima naguères, éloquemment, comme de coutume, le Journal de la Haye lui-même :
croit-il donc, ce Journal, qu'elle ne soit basée
que sur la passion ou sur l'intérêt personnel ?
Croit-il que nous réglions nos vues et nos opinions
à l'égard des peuples étrangers, sur des caprices
du jour ou de prétendues convenances, et non
sur les principes du droit des gens : principes éter-
nels et immuables, que nous nous glorifions
avoir été exposés et répandus jadis par notre
illustre Grotius, avec plus de haute raison peut-
être et de science profonde, en même temps
qu'avec plus de succès, que par aucun de ceux
qui l'aient précédé ou suivi dans la même car-
rière? Il nous connaît bien superficiellement, le
spirituel Français : il apprécie mal notre civilisation pratique, si avancée à cet égard : ce bon
sens national formé par l'expérience et l'adver-
sité même, porté à un point de maturité et de
sagesse qui paraît manquer encore partout ailleurs, devenu un véritable tact qui concourt à
former le caractère propre du peuple. Nommez-
le orgueil, si vous voulez, ce sentiment exquis
de dignité qui veut tout se devoir à soi-même
et en tout être maître chez soi. Voilà cependant
dant le secret de cet attachement unanime,

ferme, tenace, à notre digne monarque. Qu'il soit délaissé, abandonné, trahi par tous ses alliés : nous saurons le défendre envers et contre tous. Mais il y a bien loin de la fidélité que nous professons, que nous montrons par les faits davantage encore, de cette fidélité calme, je dirais rationnelle, à celle d'un tout autre genre, qui se rattache à des traditions antiques, à de poétiques souvenirs, à des croyances religieuses, fidélité de sentiment et d'amour vague et nébuleux. Respectons celle-ci chez d'autres peuples, où elle existe. Nous sommes bien loin d'en nier l'effet salutaire en maints lieux. D'ailleurs : c'est là notre profession de foi : c'est là le véritable libéralisme : toute doctrine établie de fait et adoptée de libre volonté, quelque part que nous la voyons, elle commande le respect. D'un autre côté : qu'on ne veuille pas nous inculquer à nous ces doctrines étrangères : qu'on n'aille pas nous parler de sentiment où nous ne savons trop ce qu'il faut sentir. Encore une fois : la fidélité, toujours et partout, est une qualité belle et estimable : elle mérite d'être classée parmi les vertus humaines, et l'assentiment unanime de tous les siècles l'honore comme telle. Est-il question de l'appliquer aux relations naturelles, du fils au père, des frères entre eux ? La nature partout nous fait juger, nous fait sentir de même. Invariable et commune raison : sentiment commun. Mais quand il s'agit des relations sociales et de la fidélité prise dans un sens plus spécial, de celle du sujet au prince : alors laissez à chacun de baser cette vertu, toute pratique, sur sa manière de voir à lui, sur sa raison propre, sur le sentiment qu'il éprouve. Distinguez avec sagacité les peuples à qui vous parlez. Leur tenir un langage qu'ils ne comprennent pas : les louer sur des motifs qui chez eux n'ont pas d'existence et qui leur sont tout-à-fait étrangers, qui leur paraissent parfois ridicules : c'est risquer d'ébranler une des qualités les plus essentielles au bonheur et à la gloire des sociétés humaines. Il y a plus. Ce sentiment de légitimité poussé logiquement à ses dernières conséquences, cette foi au droit divin : car c'est bien là où l'on arrive nécessairement ; c'est un véritable esprit de propagande, c'est le *compelle intrare* de l'église romaine, appliqué à la politique. — Or : si nous sommes divisés entre nous de professions religieuses, si à cet égard nous avons été les premiers à montrer à l'Europe moderne une tolérance qui n'exclut aucunement et chez aucun une foi véritable à ces professions entre eux diverses :

il n'en est point de même, non, il y a unanimité chez nous, quant aux principes fondamentaux de notre croyance politique. C'est à nous seuls qu'appartient le droit de régler nos affaires intérieures. Ce droit existe à nos yeux, tout aussi bien et en force égale, pour une nation étrangère quelconque. — Ainsi : la France maintient-elle sa révolution de Juillet? En revient-elle à la branche aînée des Bourbons? Quel est le souverain qu'elle finira par se reconnaître? Quel est le gouvernement, qu'elle se choisira? C'est son affaire à elle. Il ne nous appartient point de nous en mêler. Nous n'allons pas nous échauffer la bile pour des disputes qui ne nous regardent pas. Surtout : nous n'y mettons ni intrigues, ni influences d'aucune espèce. Nous respectons chez d'autres des droits que nous exigeons pour nous-mêmes.

Les observations qui précèdent paraissent d'autant plus nécessaires, attendu qu'on pourrait croire à l'étranger, ce qui n'est pas, que les principes contraires aux nôtres et émis par le Journal de la Haye, seraient ceux que professe notre gouvernement. Il n'en est rien : je le répète avec assurance : je le répète avec une douce satisfaction. Nous jouissons d'une liberté de parler et d'écrire, digne de notre haute civilisation et du monarque éclairé qui nous régit.

[illegible]

48